südwest

KAY-HENNER MENGE

Fruchtgummis
natürlich selbst gemacht

INHALT

An die Töpfe, FERTIG – LOS ...

Es gibt nur wenige Dinge, die man bei der Fruchtgummiherstellung beachten muss:

Mit einer digitalen Küchenwaage und einem Messbecher mit Milliliterskala lassen sich die Zutaten exakt abmessen. Nicht wackeln: Motivformen achtsam ins Stärkebett stempeln.

1. Zuerst wird ein Backblech (ca. 40 x 30 cm) 2 cm dick mit 750 g Speisestärke bestreut. Nun die Stärke am besten mit einem Pfannenwender verstreichen und leicht andrücken. Wenn möglich das Blech für mindestens 30 Minuten in den Kühlschrank stellen.

2. Nun nach Rezept die Fruchtgummimasse kochen. **Hierbei ganz genau arbeiten!** Es empfiehlt sich, feste Zutaten mit einer Digitalwaage abzuwiegen, flüssige Zutaten in einem kleinen Messbecher mit Milliliterskala abzumessen.

3. Zum Kochen am besten einen kleinen Stieltopf benutzen. Wenn nicht anders angegeben, wird die Masse offen gekocht. Bei weiten Töpfen hätte die Masse eine zu große Oberfläche, und zu viel Flüssigkeit würde verdampfen. Angegebene Zeiten einhalten, lieber etwas länger als kürzer kochen.

4. Die Fruchtgummimasse muss im Topf auf Körpertemperatur abkühlen, dabei gelegentlich mit einem Löffel oder Teigschaber rühren. Beim Rühren mit einem Schneebesen entstehen ungewollte Luftblasen in der Fruchtgummimasse.

5. Inzwischen die Motive in die Speisestärke stempeln. Stempel fest in die Stärke drücken, so dass das Motiv ganz eingetaucht wird. Hierbei darauf achten, dass unter dem Stempel genügend Stärke verbleibt, so dass die Masse nicht davonlaufen kann. Dann die Stempel mit ruhiger Hand möglichst senkrecht nach oben herausheben, damit die Seitenwände nicht einstürzen. Motive nicht zu dicht nebeneinander stempeln, sonst verschiebt sich die Stärke. Stempel nach jedem Abdruck mit einem trockenen (!) Pinsel kurz abstauben. **Tipp: Vor der ersten Fruchtgummi-produktion das Blech zwei- oder dreimal zur Probe stempeln!**

6. Nun prüfen, ob die Masse Körpertemperatur erreicht hat **(Tipp: Einen Finger eintauchen. Es darf kein großer Temperaturunterschied zu fühlen sein.)** Die Masse darf nicht zu heiß sein, sonst legt sich ein Stärkemantel um das Fruchtgummi, der sich nur schwer entfernen lässt. Ist die Masse zu warm, kann man sie im Wasserbad herunterkühlen. Dabei immer mit einem Löffel oder Teigschaber rühren, sonst wird die Masse am Topfrand bereits fest. Ist die Masse zu fest, kann sie unter Rühren wieder erwärmt werden.

Abgekühlte Fruchtgummimasse behutsam in die Förmchen gießen. Fruchtgummis nach dem Erstarren vorsichtig herausheben und abpinseln.

7. Masse in den Messbecher geben und rasch in die Förmchen verteilen. Blech in den Kühlschrank stellen. Nach 3 Stunden prüfen, ob sich die Fruchtgummis aus der Stärke heben lassen. Anhängende Stärke mit einem trockenen (!) Pinsel entfernen. Fruchtgummis mit der Stärkeseite nach unten auf einem Teller weitere 3 Stunden fest werden lassen. **Tipp: Wenn das Blech nicht in den Kühlschrank passt, werden die Fruchtgummis auch im kühlsten Zimmer fest, es dauert nur länger.**

8. Fertige Fruchtgummis am besten in festschließenden Kunststoffdosen im Kühlschrank aufbewahren.

Natürlich: ZUTATENLISTE

Auf jeder Fruchtgummipackung, die Sie im Laden kaufen können, finden Sie eine Zutatenliste. Wer seine Fruchtgummis jedoch selbst herstellt, weiß, was drinsteckt! Hier ein paar Informationen zu den wichtigsten Rezeptzutaten in diesem Buch:

AGAR AGAR ist ein pflanzliches, geschmacksneutrales Bindemittel, das aus Algen gewonnen wird. Die Gelierkraft des hellen Pulvers ist abhängig vom Säuregehalt, deswegen braucht man für säurereiche Fruchtgummis etwas mehr Agar Agar als für säurearme. Das hitzestabile Geliermittel muss immer eine Zeitlang kochen, bevor es beim Abkühlen geliert, also fest wird. Sie bekommen Agar Agar im Naturkostladen oder im Reformhaus.

APFELPEKTIN ist ein pflanzlicher Festmacher aus den Schalen knapp reifer, säuerlicher Äpfel. Es gibt auch Pektin anderer Herkunft, z. B. aus Zitrusfrüchten. In Verbindung mit Zucker und Säure festigt der pflanzliche Ballaststoff die Fruchtgummimasse. In den Rezepten wird das beigefarbene Pulver stets mit etwas Zucker gemischt, damit es bei der Zugabe zur kochenden Fruchtgummimasse keine Klümpchen bildet. Pektin erhalten Sie im Naturkostladen oder im Reformhaus.

Je nach Größe der ausgewählten Form ergibt jedes Rezept 15 bis 20 Fruchtgummis. Alle Rezepte lassen sich mit allen Stempeln zubereiten, die angegebenen Motive sind nur Vorschläge.

DICKSAFT ist ein durch Eindampfen von Fruchtsaft gewonnenes Konzentrat. **AGAVENDICKSAFT** ist ein geschmacksneutrales Süßungsmittel, das aus den Blättern der mexikanischen Agave hergestellt wird. Der honigähnliche Dicksaft besteht zu rund 75 Prozent aus Kohlenhydraten. Den größten Anteil nimmt Fruktose (Fruchtzucker) ein. Sie verleiht dem Dicksaft einen intensiven süßen Geschmack. Im **APFELDICKSAFT** ist die natürliche Süßkraft des Apfelsafts konzentriert, Aroma und Inhaltsstoffe bleiben beim Eindampfen weitgehend erhalten. Beide Dicksäfte können Sie im Naturkostladen oder im Reformhaus kaufen.

HONIG besteht zu etwa 75 Prozent aus einem Zuckergemisch von Glukose und Fruktose. Wird er zum Süßen verwendet, entscheidet man sich am besten für Honig mit einem zarten Aroma (z. B. Akazienhonig). Soll er dagegen das Fruchtgummi aromatisieren, eignet sich ein Honig mit kräftigem Aroma (beispielsweise Wildblütenhonig).

ZITRONENSÄURE ist ein Säuerungsmittel, das in Form von Kristallen der Fruchtgummimasse zugegeben wird. Einerseits verleiht Zitronensäure den Fruchtgummis die typische Säure, andererseits verbessert sie die Gelierkraft von Pektin. Zitronensäure gibt es in kleinen Päckchen zu 5 Gramm Inhalt im gut sortierten Supermarkt zu kaufen.

Herrlich bunte Fruchtgummivielfalt – selbst gemacht ohne künstliche Farb- und Zusatzstoffe.

FEINE Fruchtgummis

Probieren Sie schnell eines der frisch eingetroffenen Rezepte aus, und entdecken Sie ganz neue Fruchtgummi-kreationen! Denn goldbraune Karamell-Bärchen, fruchtige Multi-Vitamin-Dinos oder zarte Holunderblüten-Blumen finden Sie nicht im Supermarktregal.

Sanddorn-HONIG-Bärchen

1 Apfel-Sanddorn-Saft, Honig, Agar Agar und Zitronensäure in einem kleinen Topf mit einem Schneebesen verrühren, aufkochen und 4 Minuten bei milder Hitze kochen lassen.

2 Inzwischen Zucker und Pektin mischen, mit dem Schneebesen unterrühren und erneut aufkochen. 1 weitere Minute kochen lassen. Fruchtgummimasse abkühlen lassen (siehe Einleitung Seite 5).

3 Fruchtgummimasse in die vorbereiteten Förmchen geben (siehe Einleitung Seite 5). Im Kühlschrank 3 Stunden abkühlen lassen.

4 Bärchen vorsichtig aus den Formen heben, Stärke mit einem Pinsel entfernen und die Bärchen auf einem Teller weitere 3 Stunden fest werden lassen.

Für ca. 200 g Fruchtgummi

150 ml Apfel-Sanddorn-Saft (z. B. von voelkel)
4 EL flüssiger Honig
3 g Agar Agar
2 g Zitronensäure
1 TL Zucker
3 g Apfelpektin

**Zubereitungszeit:
ca. 30 Minuten
(plus Wartezeiten)**

Coole HIMBEER-Sterne

Für ca. 200 g Fruchtgummi

120 ml klarer Apfelsaft

6 EL Himbeersirup
(z.B. von voelkel)

3 g Agar Agar

3 g Zitronensäure

20 g Zucker

3 g Apfelpektin

**Zubereitungszeit:
ca. 30 Minuten
(plus Wartezeiten)**

1 Apfelsaft, 3 Esslöffel Wasser, Himbeersirup, Agar Agar und Zitronensäure in einem kleinen Topf mit einem Schneebesen verrühren, aufkochen und 4 Minuten bei milder Hitze kochen lassen.

2 Inzwischen Zucker und Pektin mischen, mit dem Schneebesen unterrühren und erneut aufkochen. 1 weitere Minute kochen lassen. Fruchtgummimasse abkühlen lassen (siehe Einleitung Seite 5).

3 Fruchtgummimasse in die vorbereiteten Förmchen geben (siehe Einleitung Seite 5). Im Kühlschrank 3 Stunden abkühlen lassen.

4 Sterne vorsichtig aus den Formen heben, Stärke mit einem Pinsel entfernen und die Sterne auf einem Teller weitere 3 Stunden fest werden lassen.

COLA-DINOS für Kleine oder Große

Für ca. 200 g Fruchtgummi

1 Dose Coca-Cola (330 ml)

1 EL Apfeldicksaft (Naturkostladen)

2 EL Zitronensaft

4 g Agar Agar

1 TL Zucker

3 g Apfelpektin

Zubereitungszeit: ca. 30 Minuten (plus Wartezeiten)

1 Coca-Cola in einem kleinen Topf auf 180 Milliliter einkochen lassen. Apfeldicksaft, Zitronensaft und Agar Agar mit einem Schneebesen einrühren, aufkochen und 4 Minuten bei milder Hitze kochen lassen.

2 Inzwischen Zucker und Pektin mischen, mit dem Schneebesen unterrühren und erneut aufkochen. 1 weitere Minute kochen lassen. Fruchtgummimasse abkühlen lassen (siehe Einleitung Seite 5).

3 Fruchtgummimasse in die vorbereiteten Förmchen geben (siehe Einleitung Seite 5). Im Kühlschrank 3 Stunden abkühlen lassen.

4 Dinos vorsichtig aus den Formen heben, Stärke mit einem Pinsel entfernen und die Dinos auf einem Teller weitere 3 Stunden fest werden lassen.

TIPP Statt 2 Esslöffel Zitronensaft 2 Esslöffel braunen Rum verwenden. Diesen dann erst am Ende von Schritt 2 zugeben.

HOLUNDER-blüten-Blumen

Für ca. 200 g Fruchtgummi

120 ml weißer Traubensaft

6 EL Holunderblütensirup
(z. B. von voelkel)

4 g Agar Agar

3 g Zitronensäure

20 g Zucker

3 g Apfelpektin

**Zubereitungszeit:
ca. 30 Minuten
(plus Wartezeiten)**

1 Traubensaft, Holunderblütensirup, Agar Agar und Zitronensäure in einem kleinen Topf mit einem Schneebesen verrühren, aufkochen und 4 Minuten bei milder Hitze kochen lassen.

2 Inzwischen Zucker und Pektin mischen, mit dem Schneebesen unterrühren und erneut aufkochen. 1 weitere Minute kochen lassen. Fruchtgummimasse abkühlen lassen (siehe Einleitung Seite 5).

3 Fruchtgummimasse in die vorbereiteten Förmchen geben (siehe Einleitung Seite 5). Im Kühlschrank 3 Stunden abkühlen lassen.

4 Blumen vorsichtig aus den Formen heben, Stärke mit einem Pinsel entfernen und die Blumen auf einem Teller weitere 3 Stunden fest werden lassen.

KARAMELL-Dinos

Für ca. 200 g Fruchtgummi

120 ml klarer Apfelsaft

6 EL Karamellsirup
(z. B. von gepa)

3 g Agar Agar

2 g Zitronensäure

25 g Zucker

3 g Apfelpektin

Zubereitungszeit:
ca. 30 Minuten
(plus Wartezeiten)

1 Apfelsaft, Karamellsirup, Agar Agar und Zitronensäure in einem Topf verrühren, aufkochen und 4 Minuten leicht kochen lassen.

2 Zucker und Pektin mischen, mit dem Schneebesen unterrühren und erneut aufkochen. 1 weitere Minute kochen lassen. Masse abkühlen lassen, dann in die vorbereiteten Förmchen geben (siehe Einleitung Seite 5). Im Kühlschrank 3 Stunden abkühlen lassen.

3 Dinos vorsichtig aus den Formen heben, Stärke mit einem Pinsel entfernen und die Dinos weitere 3 Stunden fest werden lassen.

Saure BEEREN

Für ca. 200 g Fruchtgummi

150 ml weißer Traubensaft

4 EL Agavendicksaft
(Naturkostladen)

4 g Agar Agar

5 g Zitronensäure

20 g Zucker

3 g Apfelpektin

Zubereitungszeit:
ca. 30 Minuten
(plus Wartezeiten)

1 Saft, Dicksaft, Agar Agar und Zitronensäure in einem Topf verrühren, aufkochen und 4 Minuten leicht kochen lassen.

2 Zucker und Pektin mischen, mit einem Schneebesen unterrühren und erneut aufkochen. 1 weitere Minute kochen lassen. Masse abkühlen lassen, dann in die vorbereiteten Förmchen geben (siehe Einleitung Seite 5). Im Kühlschrank 3 Stunden abkühlen lassen.

3 Beeren vorsichtig aus den Formen heben, Stärke mit einem Pinsel entfernen und die Beeren auf einem Teller weitere 3 Stunden fest werden lassen.

Multi-VITAMIN-Dinos

1 Multivitaminsaft, Apfeldicksaft, Agar Agar und Zitronensäure in einem kleinen Topf mit einem Schneebesen verrühren, aufkochen und 4 Minuten bei milder Hitze kochen lassen.

2 Inzwischen Zucker und Pektin mischen, mit dem Schneebesen unterrühren und erneut aufkochen. 1 weitere Minute kochen lassen. Fruchtgummimasse abkühlen lassen (siehe Einleitung Seite 5).

3 Fruchtgummimasse in die vorbereiteten Förmchen geben (siehe Einleitung Seite 5). Im Kühlschrank 3 Stunden abkühlen lassen.

4 Dinos vorsichtig aus den Formen heben, Stärke mit einem Pinsel entfernen und die Dinos auf einem Teller weitere 3 Stunden fest werden lassen.

Für ca. 200 g Fruchtgummi

150 ml Multivitaminsaft

2 EL Apfeldicksaft (Naturkostladen)

3 g Agar Agar

3 g Zitronensäure

20 g Zucker

3 g Apfelpektin

Zubereitungszeit:
ca. 30 Minuten
(plus Wartezeiten)

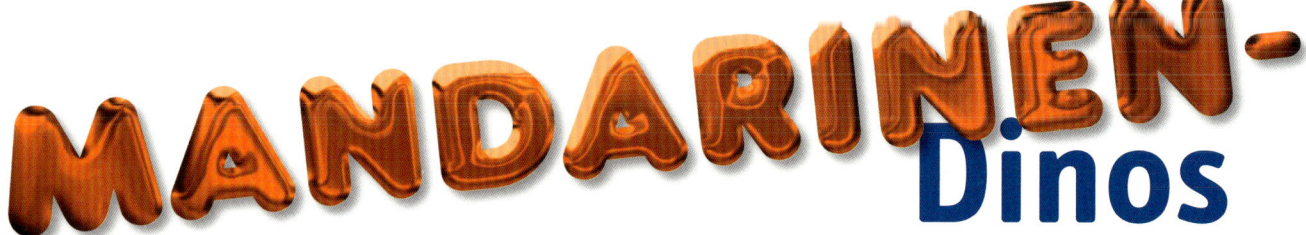

MANDARINEN-Dinos

Für ca. 200 g Fruchtgummi

1 Dose Mandarinen
(Abtropfgewicht 175 g)
4 g Agar Agar
2 g Zitronensäure
30 g Zucker
3 g Apfelpektin

**Zubereitungszeit:
ca. 30 Minuten
(plus Wartezeiten)**

1 Mandarinen in einem Sieb abtropfen lassen, den Saft dabei auffangen. Mandarinen fein pürieren und mit Mandarinensaft auf 200 Milliliter auffüllen. Mandarinenpüree, Agar Agar und Zitronensäure in einem kleinen Topf mit einem Schneebesen verrühren, aufkochen und 4 Minuten bei milder Hitze kochen lassen.

2 Inzwischen Zucker und Pektin mischen, mit dem Schneebesen unterrühren und erneut aufkochen. 1 weitere Minute kochen lassen. Im Topf 10 Minuten abkühlen lassen, dann den Schaum vorsichtig abheben. Fruchtgummimasse abkühlen lassen (siehe Einleitung Seite 5).

3 Fruchtgummimasse in die vorbereiteten Förmchen geben (siehe Einleitung Seite 5). Im Kühlschrank 3 Stunden abkühlen lassen.

4 Dinos vorsichtig aus den Formen heben, Stärke mit einem Pinsel entfernen und die Dinos auf einem Teller weitere 3 Stunden fest werden lassen.

TIPP Schmeckt auch prima mit pürierten Pfirsichen aus der Dose!

APFEL-Grenadine-Hasen

1 Apfelsaft, Grenadine, Agar Agar und Zitronensäure in einem kleinen Topf mit einem Schneebesen verrühren, aufkochen und 4 Minuten bei milder Hitze kochen lassen.

2 Inzwischen Zucker und Pektin mischen, mit dem Schneebesen unterrühren und erneut aufkochen. 1 weitere Minute kochen lassen. Fruchtgummimasse abkühlen lassen (siehe Einleitung Seite 5).

3 Fruchtgummimasse in die vorbereiteten Förmchen geben (siehe Einleitung Seite 5). Im Kühlschrank 3 Stunden abkühlen lassen.

4 Hasen vorsichtig aus den Formen heben, Stärke mit einem Pinsel entfernen und die Hasen auf einem Teller weitere 3 Stunden fest werden lassen.

Für ca. 200 g Fruchtgummi

150 ml klarer Apfelsaft

4 EL Grenadine (Granatapfelsirup, z. B. von voelkel)

3 g Agar Agar

2 g Zitronensäure

25 g Zucker

3 g Apfelpektin

Zubereitungszeit: ca. 30 Minuten (plus Wartezeiten)

CAPPUCCINO-Blüten

1 Kaffeepulver in 80 Milliliter kochend heißem Wasser auflösen. Mit Kondensmilch, Karamellsirup und Agar Agar in einem kleinen Topf mit einem Schneebesen verrühren, aufkochen und 4 Minuten bei milder Hitze kochen lassen.

2 Inzwischen Zucker und Pektin mischen, mit dem Schneebesen unterrühren und erneut aufkochen. 1 weitere Minute kochen lassen. Fruchtgummimasse abkühlen lassen (siehe Einleitung Seite 5).

3 Fruchtgummimasse in die vorbereiteten Förmchen geben (siehe Einleitung Seite 5). Im Kühlschrank 3 Stunden abkühlen lassen.

4 Blüten vorsichtig aus den Formen heben, Stärke mit einem Pinsel entfernen und die Blüten auf einem Teller weitere 3 Stunden fest werden lassen.

Für ca. 200 g Fruchtgummi

1–2 EL Instant-Kaffeepulver

100 ml Kondensmilch
(10 % Fett)

4 EL Karamellsirup
(z. B. von gepa)

4 g Agar Agar

1 TL Zucker

3 g Apfelpektin

**Zubereitungszeit:
ca. 30 Minuten
(plus Wartezeiten)**

SWEET 'N' sour

Egal, ob Sie sich die dunklen Johannis-
beer-Herzen »French Kiss« auf der
Zunge zergehen lassen oder bei exo-
tischen Kokos-Sternen von der Karibik
träumen, diese süß-sauren Rezeptideen
werden Sie begeistern.

Rhabarber-ERDBEER-Valentines
(Herzen und Blumen)

Für ca. 200 g Fruchtgummi

150 ml Rhabarber-Erdbeer-Saft (z. B. von voelkel)

1 EL Himbeersirup (z. B. von voelkel)

3 EL Agavendicksaft (Naturkostladen)

3 g Agar Agar

2 g Zitronensäure

1 TL Zucker

3 g Apfelpektin

Zubereitungszeit: ca. 30 Minuten (plus Wartezeiten)

1 Rhabarber-Erdbeer-Saft, Himbeersirup, Agavendicksaft, Agar Agar und Zitronensäure in einem kleinen Topf mit einem Schneebesen verrühren, aufkochen und 4 Minuten bei milder Hitze kochen lassen.

2 Inzwischen Zucker und Pektin mischen, mit dem Schneebesen unterrühren und erneut aufkochen. 1 weitere Minute kochen lassen. Fruchtgummimasse abkühlen lassen (siehe Einleitung Seite 5).

3 Fruchtgummimasse in die vorbereiteten Förmchen geben (siehe Einleitung Seite 5). Im Kühlschrank 3 Stunden abkühlen lassen.

4 Herzen und Blumen vorsichtig aus den Formen heben, Stärke mit einem Pinsel entfernen und die Valentines auf einem Teller weitere 3 Stunden fest werden lassen.

Exoten-KOKOS-Sterne

Für ca. 200 g Fruchtgummi

100 ml Mango-Maracuja-
Smoothie (Kühlregal,
z. B. innocent)

6 EL ungesüßte Kokosmilch

4 EL Agavendicksaft
(Naturkostladen)

2 EL Limettensaft

4 g Agar Agar

1 TL Zucker

3 g Apfelpektin

Zubereitungszeit:
ca. 30 Minuten
(plus Wartezeiten)

1 Smoothie, Kokosmilch, Agavendicksaft, Agar Agar und Limettensaft in einem kleinen Topf mit einem Schneebesen verrühren, aufkochen und 4 Minuten bei milder Hitze kochen lassen.

2 Inzwischen Zucker und Pektin mischen, mit dem Schneebesen unterrühren und erneut aufkochen. 1 weitere Minute kochen lassen. Fruchtgummimasse abkühlen lassen (siehe Einleitung Seite 5).

3 Fruchtgummimasse in die vorbereiteten Förmchen geben (siehe Einleitung Seite 5). Im Kühlschrank 3 Stunden abkühlen lassen.

4 Sterne vorsichtig aus den Formen heben, Stärke mit einem Pinsel entfernen und die Sterne auf einem Teller weitere 3 Stunden fest werden lassen.

TIPP Schmeckt auch mit Erdbeer-Smoothie.

ERDBEER-Joghurt-Mäuse

1 Erdbeeren putzen und vierteln. Mit 35 Gramm Zucker und Zitronenschale pürieren. Mit Agar Agar und Zitronensäure in einem kleinen Topf mit einem Schneebesen verrühren, aufkochen und 4 Minuten bei milder Hitze kochen lassen.

2 Inzwischen 10 Gramm Zucker und Pektin mischen, mit dem Schneebesen unterrühren und erneut aufkochen. 1 weitere Minute kochen lassen. Joghurt unterrühren. Fruchtgummimasse abkühlen lassen (siehe Einleitung Seite 5).

3 Fruchtgummimasse in die vorbereiteten Förmchen geben (siehe Einleitung Seite 5). Im Kühlschrank 3 Stunden abkühlen lassen.

4 Mäuse vorsichtig aus den Formen heben, Stärke mit einem Pinsel entfernen und die Mäuse auf einem Teller weitere 3 Stunden fest werden lassen.

Für ca. 200 g Fruchtgummi

100 g Erdbeeren
(evtl. tiefgekühlt, aufgetaut)

45 g Zucker

1/2 TL fein abgeriebene Biozitronenschale

3 g Agar Agar

2 g Zitronensäure

3 g Apfelpektin

60 g Sahnejoghurt

*Zubereitungszeit:
ca. 30 Minuten
(plus Wartezeiten)*

JOHANNISBEER-Herzen
»French Kiss«

Für ca. 200 g Fruchtgummi

150 ml schwarzer
Johannisbeersaft

4 EL Cassissirup (schwarzer
Johannisbeersirup,
z.B. von voelkel)

3 g Agar Agar

2 g Zitronensäure

25 g Zucker

3 g Apfelpektin

**Zubereitungszeit:
ca. 30 Minuten
(plus Wartezeiten)**

1 Johannisbeersaft, Cassissirup, Agar Agar und Zitronensäure in einem kleinen Topf mit einem Schneebesen verrühren, aufkochen und 4 Minuten bei milder Hitze kochen lassen.

2 Inzwischen Zucker und Pektin mischen, mit dem Schneebesen unterrühren und erneut aufkochen. 1 weitere Minute kochen lassen. Fruchtgummimasse abkühlen lassen (siehe Einleitung Seite 5).

3 Fruchtgummimasse in die vorbereiteten Förmchen geben (siehe Einleitung Seite 5). Im Kühlschrank 3 Stunden abkühlen lassen.

4 Herzen vorsichtig aus den Formen heben, Stärke mit einem Pinsel entfernen und die Herzen auf einem Teller weitere 3 Stunden fest werden lassen.

TIPP Verführerisch mit etwas Alkohol werden die Herzen, wenn Sie die Hälfte vom Cassissirup durch Crème de Cassis (französischer Johannisbeerlikör) ersetzen. Diesen am Ende von Schritt 2 zugeben.

Freche HIMBEER-Kokos-Hasen

Für ca. 200 g Fruchtgummi

100 g Himbeeren
(evtl. tiefgekühlt, aufgetaut)

4 EL Agavendicksaft
(Naturkostladen)

6 EL ungesüßte Kokosmilch

3 g Agar Agar

1/2 Pk. Vanillezucker (4 g)

3 g Apfelpektin

**Zubereitungszeit:
ca. 30 Minuten
(plus Wartezeiten)**

1 Himbeeren mit Agavendicksaft und Kokosmilch pürieren und durch ein feines Sieb streichen. Mit Agar Agar in einem kleinen Topf mit einem Schneebesen verrühren, aufkochen und 4 Minuten bei milder Hitze kochen lassen.

2 Inzwischen Vanillezucker und Pektin mischen, mit dem Schneebesen unterrühren und erneut aufkochen. 1 weitere Minute kochen lassen. Fruchtgummimasse abkühlen lassen (siehe Einleitung Seite 5).

3 Fruchtgummimasse in die vorbereiteten Förmchen geben (siehe Einleitung Seite 5). Im Kühlschrank 3 Stunden abkühlen lassen.

4 Hasen vorsichtig aus den Formen heben, Stärke mit einem Pinsel entfernen und die Hasen auf einem Teller weitere 3 Stunden fest werden lassen.

Ananas-ROTE-BETE-Dinos

Für ca. 200 g Fruchtgummi

80 ml Ananassaft
80 ml Rote-Bete-Saft
4 EL flüssiger Honig
4 g Agar Agar
2 g Zitronensäure
1 TL Zucker
3 g Apfelpektin

Zubereitungszeit:
ca. 30 Minuten
(plus Wartezeiten)

1 Säfte, Honig, Agar Agar und Zitronensäure verrühren, aufkochen und 4 Minuten leicht kochen lassen. Zucker und Pektin mischen, mit dem Schneebesen unterrühren und aufkochen. 1 weitere Minute kochen, dann abkühlen lassen (siehe Einleitung Seite 5).

2 Masse in die vorbereiteten Förmchen geben (siehe Einleitung Seite 5). Im Kühlschrank 3 Stunden abkühlen lassen.

3 Dinos vorsichtig aus den Formen heben und die Stärke mit einem Pinsel entfernen. Die Dinos weitere 3 Stunden fest werden lassen.

Saure PFIRSICH-Dinos

Für ca. 200 g Fruchtgummi

100 g Pfirsiche (a. d. Dose)
2 EL Pfirsichsud (a. d. Dose)
3 EL Agavendicksaft
4 g Agar Agar
3 g Zitronensäure
1 TL Zucker
3 g Apfelpektin
60 g saure Sahne (10 % Fett)

Zubereitungszeit:
ca. 30 Minuten
(plus Wartezeiten)

1 Pfirsiche, -sud und Dicksaft pürieren. Mit Agar Agar und Zitronensäure verrühren, aufkochen und 4 Minuten leicht kochen lassen. Zucker und Pektin mischen, mit dem Schneebesen unterrühren und aufkochen. 1 weitere Minute kochen lassen. Saure Sahne unterrühren. Masse abkühlen lassen (siehe Einleitung Seite 5).

2 Masse in die Förmchen geben (s. Einleitung S. 5). Im Kühlschrank 3 Stunden kühlen. Dann Dinos vorsichtig aus den Formen heben, Stärke abpinseln. Die Dinos weitere 3 Stunden fest werden lassen.

ORANGEN-
Eierlikör-Hasen

1 Orangensaft, Limettensirup, Agavendicksaft und Agar Agar in einem kleinen Topf mit einem Schneebesen verrühren, aufkochen und 4 Minuten bei milder Hitze kochen lassen.

2 Inzwischen Zucker und Pektin mischen, mit dem Schneebesen unterrühren und erneut aufkochen. 1 weitere Minute kochen lassen. Eierlikör unterrühren. Fruchtgummimasse abkühlen lassen (siehe Einleitung Seite 5).

3 Fruchtgummimasse in die vorbereiteten Förmchen geben (siehe Einleitung Seite 5). Im Kühlschrank 3 Stunden abkühlen lassen.

4 Hasen vorsichtig aus den Formen heben, Stärke mit einem Pinsel entfernen und die Hasen auf einem Teller weitere 3 Stunden fest werden lassen.

TIPP Anstelle von Limettensirup schmecken die Fruchtgummihasen auch sehr gut mit Granatapfelsirup.

Für ca. 200 g Fruchtgummi

100 ml Orangensaft
2 EL Limettensirup
2 EL Agavendicksaft (Naturkostladen)
4 g Agar Agar
1 TL Zucker
3 g Apfelpektin
4 EL Eierlikör

**Zubereitungszeit:
ca. 30 Minuten
(plus Wartezeiten)**

Rosmarin-LIMETTEN-Wein-Bärchen

Für ca. 200 g Fruchtgummi

2 Zweige Rosmarin

180 ml Weißwein

4 EL Limettensirup
(z. B. von voelkel)

3 EL Agavendicksaft
(Naturkostladen)

5 g Agar Agar

1 g Zitronensäure

1 TL Zucker

4 g Apfelpektin

**Zubereitungszeit:
ca. 40 Minuten
(plus Wartezeiten)**

1 Rosmarin abspülen und trockenschütteln. Rosmarinnadeln abzupfen und grob hacken. Mit Wein, Limettensirup und Agavendicksaft in einem kleinen Topf zugedeckt aufkochen und 30 Minuten auf der ausgeschalteten Kochstelle ziehen lassen.

2 Nach Belieben Wein durch ein Sieb abgießen. Agar Agar und Zitronensäure mit einem Schneebesen unterrühren, aufkochen und 4 Minuten bei milder Hitze kochen lassen, abgießen (siehe Tipp).

3 Inzwischen Zucker und Pektin mischen, mit dem Schneebesen unterrühren und erneut aufkochen. 1 weitere Minute kochen lassen. Fruchtgummimasse abkühlen lassen (siehe Einleitung Seite 5).

4 Fruchtgummimasse in die vorbereiteten Förmchen geben (siehe Einleitung Seite 5). Im Kühlschrank 3 Stunden abkühlen lassen.

5 Bärchen aus den Formen heben, Stärke mit einem Pinsel entfernen und die Bärchen weitere 3 Stunden fest werden lassen.

TIPP Für ein intensiveres Rosmarinaroma einfach den Rosmarin im Wein 1 Std. ziehen lassen, oder den Wein zusammen mit dem Rosmarin weiterverarbeiten.

MINZ-DINOS
»Mojito-Style«

1 Pfefferminzblättchen abspülen, trockentupfen und grob hacken. Mit Traubensaft und Limettensirup in einem kleinen Topf zugedeckt aufkochen und 15 Minuten auf der ausgeschalteten Kochstelle ziehen lassen.

2 Traubensaft durch ein Sieb abgießen. Agar Agar und Zitronensäure mit einem Schneebesen unterrühren, aufkochen und 4 Minuten bei milder Hitze kochen lassen.

3 Inzwischen Zucker und Pektin mischen, mit dem Schneebesen unterrühren und erneut aufkochen. 1 weitere Minute kochen lassen. Rum unterrühren. Fruchtgummimasse abkühlen lassen (siehe Einleitung Seite 5).

4 Fruchtgummimasse in die vorbereiteten Förmchen geben (siehe Einleitung Seite 5). Im Kühlschrank 3 Stunden abkühlen lassen.

5 Dinos vorsichtig aus den Formen heben, Stärke mit einem Pinsel entfernen und die Bärchen auf einem Teller weitere 3 Stunden fest werden lassen.

Für ca. 200 g Fruchtgummi

20 Pfefferminzblättchen

150 ml weißer Traubensaft

4 EL Limettensirup (z. B. von voelkel)

5 g Agar Agar

2 g Zitronensäure

1 TL Zucker

4 g Apfelpektin

2 EL weißer Rum

Zubereitungszeit: ca. 40 Minuten (plus Wartezeiten)

SWEET 'N' spicy

Gewürze geben diesen Rezepten ihren ganz besonderen Reiz: mit Vanille erblühen Bananen zu betörenden Blumen, Zimtsterne erstrahlen mit Apfel und Holunder am Fruchtgummifirmament. Und Orangen-Mäuse dürfen auch mal chilischarf sein!

Grüntee-INGWER-Herzen

Für ca. 200 g Fruchtgummi

10 g frischer Ingwer

3 Aufguss-Teebeutel grüner Tee

3 EL Agavendicksaft (Naturkostladen)

3 g Agar Agar

3 g Zitronensäure

1 TL Zucker

3 g Apfelpektin

Zubereitungszeit: ca. 40 Minuten (plus Wartezeiten)

1 Ingwer dünn schälen und fein hacken. Ingwer und 200 Milliliter Wasser in einem kleinen Topf zugedeckt aufkochen und 5 Minuten auf der ausgeschalteten Kochstelle ziehen lassen. Teebeutel zugeben und weitere 4 Minuten ziehen lassen. Ingwertee durch ein Sieb abgießen, Teebeutel dabei gut ausdrücken. 150 Milliliter Ingwertee abmessen.

2 Ingwertee, Agavendicksaft, Agar Agar und Zitronensäure im Topf mit einem Schneebesen verrühren, aufkochen und 4 Minuten bei milder Hitze kochen lassen.

3 Inzwischen Zucker und Pektin mischen, mit dem Schneebesen unterrühren und erneut aufkochen. 1 weitere Minute kochen lassen. Dann die Masse abkühlen lassen (siehe Einleitung Seite 5).

4 Fruchtgummimasse in die vorbereiteten Förmchen geben (siehe Einleitung Seite 5). Im Kühlschrank 3 Stunden abkühlen lassen.

5 Herzen vorsichtig aus den Formen heben, Stärke mit einem Pinsel entfernen und die Herzen weitere 3 Stunden fest werden lassen.

TIPP Statt Ingwer 1 Stange Zitronengras mit der breiten Seite eines großen Messers zerdrücken und in Stücke schneiden. Wie oben beschrieben weiterverfahren.

Orangen-CAMPARI-Mäuse

1 Orangensaft, Agar Agar und Zitronensäure mit einem Schnee-besen in einem kleinen Topf verrühren, aufkochen und 4 Minuten bei milder Hitze kochen lassen.

2 Inzwischen Zucker und Pektin mischen, mit dem Schneebesen unterrühren. Campari zugeben und erneut aufkochen. 1 weitere Minute kochen lassen. Fruchtgummimasse abkühlen lassen (siehe Einleitung Seite 5).

3 Fruchtgummimasse in die vorbereiteten Förmchen geben (siehe Einleitung Seite 5). Im Kühlschrank 3 Stunden abkühlen lassen.

4 Mäuse vorsichtig aus den Formen heben, Stärke mit einem Pinsel entfernen und die Mäuse auf einem Teller weitere 3 Stun-den fest werden lassen.

TIPP Für Mäuse ohne Alkohol Sanbitter statt Campari verwenden.

Für ca. 200 g Fruchtgummi

120 ml Orangensaft
4 g Agar Agar
2 g Zitronensäure
2 EL Zucker
3 g Apfelpektin
60 ml Campari

**Zubereitungszeit:
ca. 30 Minuten
(plus Wartezeiten)**

BANANEN-Vanilla-Blumen

Für ca. 200 g Fruchtgummi

100 ml Bananen-Apfel-Saft
(z. B. von voelkel)

5 EL Schlagsahne

4 EL Agavendicksaft
(Naturkostladen)

1 EL Limettensirup
(z. B. von voelkel)

3 g Agar Agar

1/2 Pk. Vanillezucker (4 g)

3 g Apfelpektin

*Zubereitungszeit:
ca. 30 Minuten
(plus Wartezeiten)*

1 Bananen-Apfel-Saft, Sahne, Agavendicksaft und Agar Agar in einem kleinen Topf mit einem Schneebesen verrühren, aufkochen und 4 Minuten bei milder Hitze kochen lassen.

2 Inzwischen Vanillezucker und Pektin mischen, mit dem Schneebesen unterrühren und erneut aufkochen. 1 weitere Minute kochen lassen. Fruchtgummimasse abkühlen lassen (siehe Einleitung Seite 5).

3 Fruchtgummimasse in die vorbereiteten Förmchen geben (siehe Einleitung Seite 5). Im Kühlschrank 3 Stunden abkühlen lassen.

4 Blumen vorsichtig aus den Formen heben, Stärke mit einem Pinsel entfernen und die Blumen auf einem Teller weitere 3 Stunden fest werden lassen.

ANANAS-Rotbuschtee-Dinos

Für ca. 200 g Fruchtgummi

1 Aufguss-Teebeutel
Rotbuschtee

80 ml Ananassaft

2 EL Apfeldicksaft
(Naturkostladen)

3 g Agar Agar

3 g Zitronensäure

25 g Zucker

3 g Apfelpektin

*Zubereitungszeit:
ca. 40 Minuten
(plus Wartezeiten)*

1 Rotbuschtee mit 100 Milliliter kochendem Wasser übergießen und 8 Minuten ziehen lassen. Teebeutel herausheben, dabei gut ausdrücken. 80 Milliliter Rotbuschtee abmessen.

2 Rotbuschtee, Ananassaft, Apfeldicksaft, Agar Agar und Zitronensäure im Topf mit einem Schneebesen verrühren, aufkochen und 4 Minuten bei milder Hitze kochen lassen.

3 Inzwischen Zucker und Pektin mischen, mit dem Schneebesen unterrühren und erneut aufkochen. 1 weitere Minute kochen lassen. Fruchtgummimasse abkühlen lassen (siehe Einleitung Seite 5).

4 Fruchtgummimasse in die vorbereiteten Förmchen geben (siehe Einleitung Seite 5). Im Kühlschrank 3 Stunden abkühlen lassen.

5 Dinos vorsichtig aus den Formen heben, Stärke mit einem Pinsel entfernen und die Dinos auf einem Teller weitere 3 Stunden fest werden lassen.

Apfel-HOLUNDER-Zimt-Sterne

1 Apfelsaft, Holundersaft und Zimtstange in einem kleinen Topf zugedeckt aufkochen. Auf der ausgeschalteten Kochstelle 20 Minuten durchziehen lassen. Zimtstange entfernen. Honig, Agar Agar und Zitronensäure mit einem Schneebesen einrühren, aufkochen und 4 Minuten bei milder Hitze kochen lassen.

2 Inzwischen Zucker und Pektin mischen, mit dem Schneebesen unterrühren und erneut aufkochen. 1 weitere Minute kochen lassen. Fruchtgummimasse abkühlen lassen (siehe Einleitung Seite 5).

3 Fruchtgummimasse in die vorbereiteten Förmchen geben (siehe Einleitung Seite 5). Im Kühlschrank 3 Stunden abkühlen lassen.

4 Sterne vorsichtig aus den Formen heben, Stärke mit einem Pinsel entfernen und die Sterne auf einem Teller weitere 3 Stunden fest werden lassen.

Für ca. 200 g Fruchtgummi

80 ml Apfelsaft
80 ml Holundersaft
1 Zimtstange (3 cm)
4 EL flüssiger Honig
3 g Agar Agar
2 g Zitronensäure
1 TL Zucker
3 g Apfelpektin

**Zubereitungszeit:
ca. 30 Minuten
(plus Wartezeiten)**

Chili-scharfe ORANGEN-Mäuse

Für ca. 200 g Fruchtgummi

150 ml Orangensaft

4 EL Limettensirup
(z.B. von voelkel)

4 g Agar Agar

2 g Zitronensäure

1 Prise Salz

1 EL Zucker

3 g Apfelpektin

Tabascosauce

Zubereitungszeit:
ca. 30 Minuten
(plus Wartezeiten)

1 Orangensaft, Limettensirup, Agar Agar, Zitronensäure und Salz mit einem Schneebesen in einem kleinen Topf verrühren, aufkochen und 4 Minuten bei milder Hitze kochen lassen.

2 Inzwischen Zucker und Pektin mischen, mit dem Schneebesen unterrühren und erneut aufkochen. 1 weitere Minute kochen lassen. Mit 2–3 Spritzer Tabascosauce würzen. Fruchtgummimasse abkühlen lassen (siehe Einleitung Seite 5).

3 Fruchtgummimasse in die vorbereiteten Förmchen geben (siehe Einleitung Seite 5). Im Kühlschrank 3 Stunden abkühlen lassen.

4 Mäuse vorsichtig aus den Formen heben, Stärke mit einem Pinsel entfernen und die Mäuse auf einem Teller weitere 3 Stunden fest werden lassen.

MÖHREN- Mango-Hasen mit Ingwer

Für ca. 200 g Fruchtgummi

20 g kandierter Ingwer

80 ml Möhrensaft

80 ml Apfel-Mango-Saft
(z. B. von Beutelsbacher)

3 EL Agavendicksaft
(Naturkostladen)

3 g Agar Agar

2 g Zitronensäure

1 TL Zucker

3 g Apfelpektin

**Zubereitungszeit:
ca. 30 Minuten
(plus Wartezeiten)**

1 Ingwer im Möhrensaft fein pürieren. Mit Apfel-Mango-Saft, Agavendicksaft, Agar Agar und Zitronensäure in einem kleinen Topf mit einem Schneebesen verrühren, aufkochen und 4 Minuten bei milder Hitze kochen lassen.

2 Inzwischen Zucker und Pektin mischen, mit dem Schneebesen unterrühren und erneut aufkochen. 1 weitere Minute kochen lassen. Fruchtgummimasse abkühlen lassen (siehe Einleitung Seite 5).

3 Fruchtgummimasse in die vorbereiteten Förmchen geben (siehe Einleitung Seite 5). Im Kühlschrank 3 Stunden abkühlen lassen.

4 Hasen vorsichtig aus den Formen heben, Stärke mit einem Pinsel entfernen und die Hasen auf einem Teller weitere 3 Stunden fest werden lassen.

HIBISKUS-Kardamom-Beeren

Für ca. 200 g Fruchtgummi

1–2 Kardamomkapseln

2 Aufguss-Teebeutel
Hagebutten-Hibiskus-Tee

3 EL Akazienhonig

3 g Agar Agar

2 g Zitronensäure

1 TL Zucker

3 g Apfelpektin

**Zubereitungszeit:
ca. 40 Minuten
(plus Wartezeiten)**

1 Kardamomkapseln mit der breiten Seite eines großen Messers zerdrücken. Kardamom und Hagebutten-Hibiskus-Tee mit 250 Milliliter kochendem Wasser übergießen und 10 Minuten ziehen lassen. Durch ein Sieb abgießen, Teebeutel dabei gut ausdrücken. 150 Milliliter Hagebutten-Hibiskus-Tee abmessen.

2 Hagebutten-Hibiskus-Tee, Honig, Agar Agar und Zitronensäure im Topf mit einem Schneebesen verrühren, aufkochen und 4 Minuten bei milder Hitze kochen lassen.

3 Inzwischen Zucker und Pektin mischen, mit dem Schneebesen unterrühren und erneut aufkochen. 1 weitere Minute kochen lassen. Fruchtgummimasse abkühlen lassen (siehe Einleitung Seite 5).

4 Fruchtgummimasse in die vorbereiteten Förmchen geben (siehe Einleitung Seite 5). Im Kühlschrank 3 Stunden abkühlen lassen.

5 Beeren vorsichtig aus den Formen heben, Stärke mit einem Pinsel entfernen und die Beeren auf einem Teller weitere 3 Stunden fest werden lassen.

Glühwein-BÄRCHEN

1 Rotwein und Glühweingewürz in einem kleinen Topf zugedeckt aufkochen und 5 Minuten auf der ausgeschalteten Kochstelle ziehen lassen. Offen bei starker Hitze auf 150 Milliliter einkochen lassen. Gewürzbeutel entfernen, dabei gut ausdrücken.

2 Glühwein, Karamellsirup, Agar Agar und Zitronensäure in einem kleinen Topf mit einem Schneebesen verrühren, aufkochen und 4 Minuten bei milder Hitze kochen lassen.

3 Inzwischen Zucker und Pektin mischen, mit dem Schneebesen unterrühren und erneut aufkochen. 1 weitere Minute kochen lassen. Fruchtgummimasse abkühlen lassen (siehe Einleitung Seite 5).

4 Fruchtgummimasse in die vorbereiteten Förmchen geben (siehe Einleitung Seite 5). Im Kühlschrank 3 Stunden abkühlen lassen.

5 Bärchen vorsichtig aus den Formen heben, Stärke mit einem Pinsel entfernen und die Bärchen auf einem Teller weitere 3 Stunden fest werden lassen.

TIPP Für Große kann am Ende von Schritt 3 etwa 1 Esslöffel brauner Rum oder Korn untergerührt werden.

Für ca. 200 g Fruchtgummi

300 ml Rotwein

1 Aufgussbeutel Glühweingewürz

4 EL Karamellsirup (z. B. von gepa)

4 g Agar Agar

3 g Zitronensäure

1 TL Zucker

3 g Apfelpektin

Zubereitungszeit: ca. 40 Minuten (plus Wartezeiten)

BLOODY-MARY-Mäuse

Für ca. 200 g Fruchtgummi

150 ml gewürzter Tomaten-
saft (z. B. Sangrita picante)

1 TL Worcestershiresauce

3 EL Apfeldicksaft
(Naturkostladen)

4 g Agar Agar

2 g Zitronensäure

1 TL Zucker

3 g Apfelpektin

3 EL Wodka

Zubereitungszeit:
ca. 30 Minuten
(plus Wartezeiten)

1 Tomatensaft, Worcestershiresauce, Apfeldicksaft, Agar Agar und Zitronensäure mit einem Schneebesen in einem kleinen Topf verrühren, aufkochen und 4 Minuten bei milder Hitze kochen lassen.

2 Inzwischen Zucker und Pektin mischen, mit dem Schneebesen unterrühren. Wodka zugeben und erneut aufkochen. 1 weitere Minute kochen lassen. Fruchtgummimasse abkühlen lassen (siehe Einleitung Seite 5).

3 Fruchtgummimasse in die vorbereiteten Förmchen geben (siehe Einleitung Seite 5). Im Kühlschrank 3 Stunden abkühlen lassen.

4 Mäuse vorsichtig aus den Formen heben, Stärke mit einem Pinsel entfernen und die Mäuse auf einem Teller weitere 3 Stunden fest werden lassen.

Register

IMPRESSUM

Redaktionsleitung
Susanne Kirstein

*Layout, DTP,
Gesamtproducing*
vIBüro – Jan-Dirk Hansen,
München

Fotografie
Michael Holz, Hamburg

Bildredaktion
Sabine Kestler

Korrektorat
Christian Wolf

Umschlaggestaltung
Norbert Pautner, nach der
Konzeption von R.M.E. Eschl-
beck/Kreuzer/Botzenhardt

Setgestaltung
Norbert Pautner

Litho
Artilitho, Lavis (Trento)

Druck und Verarbeitung
Anpak Printing Ltd.,
Hongkong

Printed in China

ISBN 978-3-517-08461-9
9817 2635 4453 6271

Über den Autor

Kay-Henner Menge ist Diplom-Oecotrophologe. Nach dem Studium zog er die praktische Arbeit am Herd der trockenen Analyse am Computer vor und arbeitet heute für verschiedene Zeitschriften als Rezeptautor und Foodstylist in der Versuchsküche eines großen Verlages. Daneben schreibt er Kochbücher zu unterschiedlichen Themen. Bei den Rezepten für dieses Buch trieb ihn besonders seine Leidenschaft zu natürlich-bunten Naschereien an.

Hinweis

Die Ratschläge/Informationen in diesem Buch sind von Autor und Verlag sorgfältig erwogen und geprüft, dennoch kann eine Garantie nicht übernommen werden. Eine Haftung der Autors bzw. des Verlags und seiner Beauftragten für Personen-, Sach- und Vermögensschäden ist ausgeschlossen.

Impressum